AF337527

OBSERVATIONS

Sur la Résolution du 14 Nivôse an 7, relative aux rentes viagères & usufruits constitués au profit des Emigrés et des Prêtres déportés.

C'EST le droit et le devoir des bons Citoyens d'éclairer le Corps Législatif, au moment où la loi se forme, sur les imperfections qu'elle présente, ou sur les erreurs qui peuvent avoir échappé à l'attention de ceux qui la proposent.

En conformité de ce principe, dont la justesse ne sauroit être contestée, on va se permettre de discuter quelques-unes des dispositions de la Résolution du 14 Nivôse. Il en est qui paroissent contraires aux principes d'équité que les Représentans de la grande Nation ne cessent de professer ; il en est qui semblent compro-

A

mettre tout-à-la-fois et les intérêts des débiteurs, et ceux de la République.

Arrêtons d'abord nos regards sur les termes de l'article premier, qui veut que les débiteurs ne puissent, *sous prétexte de non justification de certificat de vie de l'émigré, se refuser au paiement des arrérages échus et à échoir;* c'est-à-dire, que l'émigré est toujours présumé vivant pendant le délai porté par l'article, quelque soit l'autorité des preuves contraires qu'on pourroit rapporter.

Ce seroit sans doute un abus de principe, et une véritable exagération, que de vouloir appliquer aux circonstances actuelles la règle essentielle des contrats constitutifs des usufruits ou rentes viagères. Cette règle veut que le premier titre des demandes en exécution de pareils actes, soit la preuve de l'existence du créancier.

On reconnoît d'un côté qu'il seroit trop difficile au Gouvernement de retrouver

(3)

la trace de ces hommes aussi vils que coupables, qui n'ayant pū déchirer le sein de leur patrie, traînent, sur la surface de la terre, leur honte, leur misère et leurs remords.

D'un autre côté, la foi des certificats de décès, qu'il seroit permis aux débiteurs de produire, pourroit être incertaine et trompeuse. Le Gouvernement français n'ayant point d'action sur les dépositaires des actes publics, en pays étranger, privé des moyens de s'assurer de la fidélité de pareils agens, il est évident que rien ne constateroit à ses yeux l'authenticité et la vérité des attestations qu'ils délivreroient.

Mais s'il existe pour le Gouvernement des moyens sûrs et infaillibles de constater le décès des créanciers des rentes ou des usufruits, si ces moyens sont dans nos lois, la vérité ne doit elle pas alors reprendre son empire ? Ne doit-elle pas faire évanouir une vaine fiction ?

Ainsi, lorsque le créancier a subi la peine de mort, en vertu d'un jugement, lorsque ce jugement existe, et que le procès - verbal d'exécution est produit, peut-on supposer que le créancier existe encore? La loi qui l'a envoyé à l'échafaud, pour y recevoir le châtiment de ses crimes, peut-elle le présumer vivant au préjudice d'un tiers? La République doit-elle priver ce tiers de l'effet des conventions qu'il a souscrites? Ne prenant elle-même que la place de la partie intéressée, comment pourroit - elle se soustraire à la loi du contrat?

Lorsque le créancier est mort dans un pays qui a été depuis réuni à la République, lorsque les registres publics de ce pays, dont l'autorité sert de règle à toutes les contestations qui peuvent s'élever entre les Citoyens, constatent d'une manière légale le décès, quelle raison y a-t-il de méconnoître cette expression solemnelle de la vérité? Dans cette hypothèse, on n'a plus à craindre l'altération ou la supposition des actes. Les officiers publics qui en sont les garants, se trouvent sous la main du Gouvernement, soumis aux lois de la République, justiciables de nos Tribunaux ; leurs prévarications seroient à l'instant connues et punies.

L'intérêt public peut exiger qu'en cas de doute, tout s'explique en faveur de l'Etat.

Il n'en est pas de même aussi-tôt que la vérité du décès ne peut pas être contestée ; alors il n'est plus permis de rejetter des témoignages authentiques, pour s'attacher à une supposition purement imaginaire.

L'équité est encore blessée par la disposition de l'article premier de la Résolution, en ce qu'elle ordonne que les usufruits et rentes viagères dus aux émigrés, dureront pendant dix ans, à compter de leur inscription sur la liste, si les actes constitutifs de ces rentes ou usufruits, sont antérieurs au 14 Juillet 1789, et pendant quinze ans, à compter de l'inscription, s'ils sont postérieurs.

Pour combattre cette disposition, on n'a besoin que de rappeler le calcul commun, suivant lequel les preneurs à rente viagère étoient dans l'usage de contracter.

Les bases de ce calcul sont consacrées par une autorité irrécusable, par le témoignage de la Commission du Conseil des Cinq-Cents, qui a provoqué la Résolution. On les retrouve dans le premier rapport du premier Thermidor an 6; on y lit ces paroles remarquables, que la République exerçant les droits de l'émigré, *ne peut le faire que de la même manière, et que les principes de la justice s'opposent à ce que les conditions de son co-contractant, soient aggravées par une fiction plus étendue que la présomption commune.* On trouve en conséquence, à la fin de ce rapport, non-seulement la fixation de la durée des rentes viagères

pendant quinze ans seulement, à compter
du jour où elles ont commencé à être ser-
vies, mais la restitution même des termes
qui auroient été payés au-delà de ce délai.

Par quel motif ce qu'exigeoient *les principes de la justice* le premier Thermidor
an 6, a-t-il cessé d'être juste le 2 Frimaire
an 7, lors du deuxième rapport de la Commission ? Comment se peut-il que sans dé-
truire le cours moyen de la durée des
rentes viagères qui avoit servi de base aux
premières opérations de la Commission,
elle ait condamné le débiteur d'une pareille rente constituée avant le 14 Juillet
1789, qui la payoit peut-être depuis vingt
ou trente ans, à continuer encore ce paiement pendant dix ans, c'est-à-dire, à
donner un nouveau capital après l'avoir
déjà donné deux ou trois fois ? Comment
est il possible qu'on oblige celui qui se
seroit soumis, à la fin de 1789, au paiement d'une rente viagère, dont le créancier viendroit d'émigrer, à la servir en-

A 4

core pendant quinze ans , à compter de l'inscription sur la liste?

Discutons les motifs du deuxième rap-port de la Commission , sans cesser de respecter les sentimens qui l'ont animée.

Tous ces motifs sont pris dans l'intérêt du trésor public. Si la Commission a cru devoir s'écarter de la base commune de la durée des viages , c'est afin d'accélérer la vente de ces jouissances, qui prendra né-cessairement plus d'activité , *si leur durée ne dépend d'aucune autre justification que du texte de la loi*; c'est pourquoi, dans le sens de la première Résolution , *l'extinction de beaucoup de rentes et d'usufruits , auroit nécessité des rem-boursemens onéreux pour le trésor pu-blic*.

Une seule réflexion paroît devoir écar-ter toutes ces considérations ; c'est que l'intérêt de la République ne doit et ne peut jamais être consulté , lorsqu'elle est partie intéressée dans un contrat. En pareille occurrence , elle fait consister sa grandeur et sa gloire à subir le joug de la loi commune. Sa puissance se soumet à la justice : ses droits , ses intérêts n'ont pas dans la balance plus de poids que ceux des simples Citoyens. Il ne peut donc pas être question, dans l'exécution d'un contrat passé avec une partie que la République représente , de ce qu'exige l'intérêt public , mais de ce que commande la justice.

On craint que les ventes ne soient ralenties, si l'on fait dépendre la durée des usufruits d'une autre *justification que du texte de la Loi*. D'abord, l'activité des ventes seroit plus funeste qu'utile , si elles n'avoient lieu qu'aux dépens de l'équité et qu'au préjudice d'un tiers intéressé. On ne croit pas d'ailleurs qu'il soit bien difficile de fixer l'époque de l'établissement d'une rente viagère , ou d'un usufruit; il n'y a qu'à consulter les registres publics, dépositaires du contrat; & en fixant un

délai à tous les débiteurs pour faire con-
noître cette époque, les ventes ne seroient
pas ralenties, les acquéreurs n'en traite-
roient qu'avec plus de solidité.

On ajoute qu'on s'est écarté du calcul
du terme moyen de la durée des rentes,
et des dispositions du premier projet de
Résolution qui l'avoit adopté, parce que
*l'extinction qui seroit résultée de beau-
coup de rentes et de beaucoup d'usufruits,
auroit nécessité des remboursemens onéreux pour le trésor public*; c'est-à-dire,
en d'autres termes, que la République
ne veut pas se reconnoître débitrice,
pour ne pas être obligée de payer. Cette
conséquence a certainement échappé aux
rédacteurs du deuxième rapport, et on ne
veut qu'en appeller à leur impartiale équité, pour obtenir d'eux qu'ils reviennent
sur un principe dont il seroit si dangereux
et si facile d'abuser.

Peu importe quelles peuvent être les
conséquences d'une règle juste. La saine

politique, la morale, l'intérêt public essentiellement lié aux intérêts privés des citoyens, au respect des propriétés particulières, veulent que les principes soient maintenus. Ce n'est que par la justice que les Empires prospèrent et que les individus sont heureux.

Il est d'ailleurs facile d'établir que les intérêts mêmes de la République sont lézés par l'une des dispositions de la Résolution, par celle qui permet au débiteur de la rente viagère ou de l'usufruit, d'éteindre sa dette si elle a été créée postérieurement au 14 juillet 1789, en payant cinq fois la rente ou le revenu du bien. Ainsi, si un individu a établi à son profit une rente viagère ou un usufruit à la fin de l'an 6, et qu'il ait émigré en l'an 7, n'eut-il que 25, 30 ans, le débiteur se libéreroit, en versant dans le trésor public cinq fois le revenu du bien, ou cinq fois le montant de la rente viagère. Il ne faut que cet exemple pour faire sentir l'atteinte que la faculté de se libérer de cette manière porteroit aux intérêts de la République.

C'est ainsi qu'en adoptant des règles générales qui paroissent tout faciliter, en uniformisant tout , on tombe dans des excès également funestes à toutes les parties. C'est ainsi que la justice n'est pour personne; que les créanciers et les débiteurs ont également à se plaindre.

Tous ces inconvéniens étoient écartés par le premier projet de Résolution. On y avoit pris pour base la durée commune des rentes viagères , calculée suivant les probabilités de la vie humaine , et suivant l'expérience la plus commune. Cette mesure mettoit également à couvert et les intérêts des débiteurs , et ceux de la République.

Il y avoit encore un autre parti à prendre, c'étoit, comme l'avoit proposé le représentant Chapelin , de soumettre le viager actif de la République aux règles prescrites par la loi du 23 floréal an 2 , pour sou viager passif, et d'établir la liquidation sur les mêmes bases ; ou bien encore selon le projet présenté par le représentant Chollet, de suivre une échelle graduelle , qui , suivant les divers âges des créanciers , établissoit, autant que possible , la durée plus ou moins longue de leur vie.

Dans ces divers systêmes , on s'attachoit sinon à des preuves certaines , ce qui étoit impossible , du moins à des présomptions avouées par les lois et justifiées par l'expérience , et dans l'impuissance de prévoir toutes les espèces particulières , on adoptoit une régle qui en embrassoit le plus grand nombre , et qui concilioit le plus fréquemment tous les intérêts.

Il paroit qu'on a craint d'ouvrir la porte à tous les genres de corruption , qu'on a craint les prévarications soit de la part des dépositaires des actes de naissance , soit de la part des bureaux des administrations chargées de prononcer entre la République et les débiteurs.

Avec de pareilles craintes, il faudroit que les hommes prissent le parti de renoncer aux bienfaits de leur réunion en société ; il faudroit supprimer les registres publics, bouleverser les administrations établies par la loi, et se livrer à l'arbitraire sur le prétexte de surveiller et défendre les intérêts de la République.

Est-il donc si difficile de s'assurer de la fausseté ou de la vérité d'un acte tiré des monumens publics destinés à constater les premiers momens et les principaux événemens de la vie des citoyens? Les faux que l'on paroît redouter sont-ils donc assez communs, pour qu'une pareille crainte puisse arrêter le cours de la justice due à la République et aux particuliers?

Si la corruption s'introduit dans les bureaux de l'administration, l'autorité supérieure du gouvernement n'est elle pas là pour faire justice des coupables, et pour retenir les autres dans la ligne de leurs devoirs? Dans le fait, peut-on se plaindre que dans les discussions fréquentes qui ont lieu entre les particuliers et la République, les intérêts de celle-ci soient négligés ou mal défendus ?

Le point important, la règle essentielle, est de donner à tous les actes de l'autotorité publique le caractère de la justice ; avec cette attention , il n'y a plus de désordres à craindre , ni de dangers à prévenir. Sans elle, les précautions sont inutiles, et la malveillance triomphe aisément de la prévoyance du législateur.

En attaquant la résolution du 14 nivôse, il ne s'agit pas uniquement de l'intérêt des débiteurs ; on voit aussi qu'elle froisse ceux de la République.

Il est d'ailleurs établi qu'elle contrarieroit la morale et l'équité , en supposant vivants des hommes dont la mort seroit authentiquement prouvée ou par des condamnations judiciaires, ou par des actes émanés des agens même de la République.

Tous ces motifs réunis donnent lieu d'es-

pérer que les questions décidées par la résolution du 14 nivôse, seront renvoyées,
par le Conseil des Anciens, à un nouvel exa-
men du Conseil des Cinq-Cents, qui s'em-
pressera lui-même d'adopter des bases plus
conformes et à l'équité qui est la règle de
ses opérations, et aux intérêts de la République et des débiteurs.

De l'Imprimerie DEMONVILLE, rue Christine, n°. 12.